VOYAGE

EN ITALIE

LETTRES ÉCRITES D'ITALIE

PAR

M: E. LAMBERT.

NANTES,
Mme Vve C. MELLINET, IMPRIMEUR DE LA SOCIÉTÉ ACADÉMIQUE,
place du Pilori, 5.

1876

VOYAGE EN ITALIE

LETTRES ÉCRITES D'ITALIE

PAR

M. Eugène LAMBERT.

Venezia la Bella, 2 avril 1876.

Après une très-belle journée et un trajet de six heures à travers un pays de plaine, cultivé comme un jardin et entrecoupé de prairies en fleurs, de rizières et de blé vert, et relevé, à gauche, par le lac de Garde et les montagnes du Tyrol, ayant à leurs crêtes les dernières neiges de l'hiver, éclairées et dorées par le soleil couchant, nous voilà arrivés dans la *belle Venise*, pour laquelle les Italiens, un peu coutumiers du fait, n'ont rien exagéré par l'épithète de *Bella*, qu'on attache ailleurs à des choses moins admirables, et que je trouve ici trop modeste; mais n'anticipons pas.

Milan est une grande et belle ville, avec un cachet de distinction tout autre et bien moins moderne que Turin, dont les rues, tirées au cordeau, sont coupées à angle droit et quadrillées comme un damier, avec un singulier pavage, moitié en petits cailloux roulés, assez aigus aux pieds, moitié en belles et larges dalles de granit.

Milan n'a pas, comme Turin, un palais royal aussi riche d'ornementation, et un Musée d'armures complet pour tous les âges, et peut-être unique au monde ; mais, indépendamment des grands palais qui marquent une date de son orageuse histoire, il a sa cathédrale, son point lumineux, son centre d'attraction de tous les jours et de toutes les heures, et auquel il faut revenir toujours, comme l'aiguille à l'aimant, comme l'œil à la lumière, avec le même éblouissement.

Sur toutes ses faces, le marbre blanc luisant d'Italie est au service d'un gothique en excès sur celui du moyen âge proprement dit, travaillé avec un soin de bijou ou de pièce d'orfèvrerie ; là, fouillé et découpé à jour comme une truelle à poisson ; ici, brodé comme une guipure, une dentelle de Malines. — Ce marbre joue avec la lumière un rôle poétique, que relèvent encore, par leur élan vers le ciel, des centaines de clochetons et de délicates aiguilles dont la pointe est ornée de gracieuses statues d'anges, de vierges et de martyrs (et il y en a 4,500 dessus, dedans, autour, partout où l'on a pu les élever ou les nicher).

Je disais tout-à-l'heure : dentelle et guipure pour le détail ; mais, dans l'ensemble, on dirait toutes les facettes réunies d'une étincelante stalactite retournée ; rien ne peut épuiser les comparaisons avec une semblable merveille architecturale.

Personne non plus, pas même Théophile Gautier avec sa plume, qui est autant un burin qu'un pinceau, n'avait pu m'en donner une idée complète, ni me faire bien comprendre l'effet de ce chef-d'œuvre de l'art.

Les fanatiques du gothique sombre, les puritains du

moyen âge ; les admirateurs exclusifs de Notre-Dame de Paris et de la cathédrale d'Amiens, disent que c'est là une fantaisie de l'imagination, une débauche de l'art auxquelles manque la sévérité, et qui n'ont rien de commun avec la mystérieuse grandeur du catholicisme; soit : il y a là un sentiment vrai; mais si l'œil se laisse un peu trop éblouir par ces éclats extérieurs, la cathédrale de Milan reprend son caractère et ses droits au sentiment religieux, avec les beautés plus graves de son intérieur. — On y retrouve le temple vraiment chrétien, superbe de dimensions et d'élégante simplicité, avec ses arcades ogivales, ses gros piliers à côtes saillantes, mais qui ne s'en élancent pas moins vers les voûtes avec la légèreté qu'ont ailleurs les plus sveltes colonnettes. — Ce qui lui donne son cachet, ce sont ses incomparables verrières, de toutes les formes, de toutes les proportions, et dont la chaude variété des couleurs jette un jour mystérieux sur la grâce infinie des détails et ajoute à l'éblouissement de l'ensemble.

On croit, dès le début, avoir épuisé son admiration, mais, grâce au ciel, nous en avons une provision en réserve ; — elle changera seulement d'objet à mesure que se dérouleront devant nous les verres si admirablement colorés de cette lanterne magique qu'on appelle l'Italie.

J'ai fait un grand effort pour affronter les 400 marches du bas de la tour à la base de la flèche centrale; il y en avait encore 100 au moins pour arriver à la lanterne et à l'étourdissante petite galerie découpée à jour : — de mon point d'arrêt qui suffisait à la perspective, j'ai joui d'une vue splendide sur les Alpes. Les neiges, les glaciers du mont Rosa et du Saint-Gothard avaient, dans tout son éclat, l'illumination du soir et du soleil couchant.

Milan, avec sa cathédrale, son vieux palais de Sforce et de Visconti, son vieux réfectoire de couvent où achève de tomber en lambeaux la fresque primitivement si belle de la Cène de Léonard de Vinci, ne fait nul tort à Venise, car il n'y a aucune espèce de rapport entre la vieille cité lombarde et la reine de l'Adriatique. — Il n'y a entre elles que quelques kilomètres de voie ferrée, et l'on dirait que deux civilisations et des siècles d'idées et d'art les séparent; et quel contraste entre Milan et ce bijou, ce diamant de ville qu'on appelle Venise, avec ses palais mauresques, ses innombrables églises d'une richesse un peu trop orientale par la profusion de dorures et de mosaïques des parvis et des coupoles, par l'éclat des marbres blancs et roses, tout cela se détachant cependant de l'influence orientale par les tableaux de maîtres vénitiens, qui ont fait des églises de véritables merveilles.

Ce qui la distingue, avant tout, c'est son incomparable cathédrale de Saint-Marc; on ne sait où se prendre, du grandiose, de l'ensemble ou de l'étrangeté, de l'originalité bizarre de détails : — l'œil erre effaré d'abord des dômes aux coupoles d'étain de forme bulbeuse; des porches festonnés de figures bibliques, aux voûtes lambrissées de grandes peintures en mosaïque sur fond d'or; et de la profusion de petites colonnettes de marbres de toutes les couleurs harmonieusement assortis, aux clochetons guillochés de la façade que nous avons vue, pour la première fois, par un beau clair de lune, ce qui donnait à cet édifice, unique au monde, un aspect fantastique tel qu'on a pu le rêver, en lisant les *Mille et une Nuits*.

On a dû mettre plusieurs siècles à la bâtir; on y sent le renouvellement de l'art, et par couches successives; l'amas multiple des colonnes, la diversité des chapiteaux, des bas-reliefs, des émaux et des mosaïques, présentent un mélange, un amalgame qu'on croirait impossible des styles grec, romain, byzantin, arabe, gothique, et sans que l'harmonie de l'ensemble semble en avoir souffert ; et tant est parfaite l'homogénéité de cette merveille hybride de Saint-Marc, qu'un même génie semble avoir animé de son souffle plusieurs générations d'artistes.

Venise, 3 avril 1876.

Nous verrons, j'en suis sûr, des choses tout aussi belles dans des genres différents ; mais je ne crois pas qu'on puisse réunir, sur un même point, si ce n'est à Pise, peut-être, rien qui soit comparable à cette place Saint-Marc pavée, partie en marbre, avec des dessins de marqueterie, partie en belles et grandes dalles de granit, et entourée, sur les deux grands côtés de son parallélogramme, par les seuls superbes palais des vieilles et nouvelles procuraties, avec leurs élégantes galeries à arcades ogivales ; au fond, par le palais Renaissance du fameux architecte, sculpteur vénitien, Sansovino ; et, sur son quatrième côté, par Saint-Marc et le curieux palais des Doges dont les deux galeries de colonnes superposées contrastent, d'une manière si originale, avec la muraille de marbre rose et blanc qui la couronne : une large échappée s'ouvre à droite, entre ce palais des Doges et le campanile de Saint-Marc qui a pour base une délicieuse Logetta de Sansovino, vers la *Piazzetta* où sont, à droite et à gauche de la station des gondoles, les deux belles colonnes de granit oriental du lion de Saint-Marc *aux ailes déployées,* et de la statue de Saint-Théodore avec son symbolique crocodile.

Là est le mouvement et la vie de Venise.

Est-ce l'Orient des Arabes que vous avez au milieu de ces monuments ou l'Espagne des Maures, je ne sais ; mais ils font rêver de l'Alhambra de Grenade, du Généraliffe de

Séville, de Sainte-Sophie de Constantinople, ou de la mosquée de Cordoue. — Palais, églises, comme je le disais de Saint-Marc, tous les styles y sont assortis, sans confusion, plein ceintre, ogives évasées ou élancées, profusion d'arabesques et de ciselures, rosaces brodées à jour et trèfles enlevés à l'emporte-pièce ; la Renaissance apporte à ces merveilles architecturales son contingent grec et sa rare élégance ; mais le style byzantin domine et indique l'essor vers l'Orient de ce peuple de guerriers, de navigateurs et de négociants, et le goût dominant de cette race orgueilleuse qui, pour mieux marquer sa puissance et faire oublier la nature ingrate de son sol et les îlots rocheux qui, reliés par des ponts et des ruelles, ont fondé Venise, a senti le besoin de frapper les yeux et d'éblouir l'imagination par ce luxe asiatique et l'éclat artistique de ses palais et de ses monuments.

Venise, 4 avril 1876.

Dans une double excursion en gondole, sur le grand canal, nous avons passé en revue, sur les deux rives, en les nommant par leur nom, aidés par notre guide et notre intelligent gondolier, les plus remarquables de ces palais fameux qui font, avec la place Saint-Marc, le musée archéologique le plus curieux de l'Italie, car ils nous font passer des ornements gothiques du palais Doria, au style lombard du palais Venier ; du genre allemand plus lourd, comme tout ce qui est allemand, du palais Pisani, aux trois ordres superposés, byzantin, grec et gothique italien, du palais Rezzonico d'où est sorti le pape Clément XIII ; comme aux guipures charmantes et aux délicieux guillochages de l'unique balcon et de l'unique fenêtre du tout petit palais que Théophile Gautier aurait payé 25,000 fr., s'il les avait eus dans sa poche de touriste ; et enfin aux galeries dentelées et découpées à jour du palais Taglioni où se mêlent, avec un art infini, les styles grec et gothique fleuri. — Ils sont tous, pour la plupart, plus ou moins menacés et rongés par l'humidité des canaux, tristes et silencieux, et en décadence, comme la fortune de leurs possesseurs et de cette reine de l'Adriatique ; mais ils révèlent une grande puissance, alliée à un goût parfait, chez ces fiers patriciens de Venise, les anciens maîtres du commerce et des mers du Levant, mais associés, pour l'une des plus grandes gloires de l'art, aux artistes de génie qui ont donné à leur œuvre cette grâce, cette élégance orientale à laquelle sont attachés les plus grands noms de la République : les Moncénigo, les Loredan, les Dandolo, les Cornaro et les Justiniani.

Ni vénitiens ni vénitiennes des hautes classes ; beaucoup d'étrangers et de femmes du peuple, assez mal attifées. — On dirait que ce qui reste des patriciens gardent, dans leurs palais, le deuil de leur Venise historique et de sa gloire d'autrefois.

Quand on met en regard du présent si sombre, le sillon lumineux que Venise a tracé sur la terre, on se sent pris au cœur d'une mélancolie qui n'est pas sans attraits. — Venise ressemble à ces femmes, d'une nature privilégiée, à qui la jeunesse, la beauté et l'intelligence ont donné la plus brillante existence, et qui ont conservé, dans leur vieillesse et sous leurs cheveux blanchis, ce qui donne tant de prix aux souvenirs, et de poésie aux ruines, c'est-à-dire le charme qui s'attache à ce qui a mérité de vivre, et ne saurait mourir tout entier.

Florence, 6 avril 1876.

Après avoir traversé, pour la seconde fois, sur un long viaduc, les lagunes assez tristes qui entourent Venise au Midi, nous sommes entrés au-delà de Bologne dans un lacis inextricable de voies ferrées à travers la chaîne des Appenins, dans laquelle nous avons fait plus de quinze lieues de tours et détours, pour chercher les niveaux et les vallées, la moitié au moins sous terre, dans 48 tunnels pratiqués, avec un art infini, dans ces montagnes pittoresques des romans d'Anne-Radcliffe, qui séparent l'Emilie de la Toscane. — C'était très-fantastique, au clair de la lune qui a éclairé, pour nous, d'une douce lumière ce beau jardin si bien cultivé, qu'on appelle la Toscane.

Une lacune que je m'explique difficilement, dans une lettre de Venise, c'est que, grisé de couleurs, je n'ai point parlé des fresques et des toiles des grands maîtres vénitiens : Titien, Véronèse, Giorgion, Bellini et Tintoret surtout. — Ses deux immenses peintures du *Paradis* au palais des Doges et du *Crucifiement*, à la scuola de Saint-Roch, sont les deux plus vastes qui existent dans le domaine de l'art, les deux plus chaudes, de ton et de couleur, et d'une vigueur, peut-être portée jusqu'à la violence ; mais quelle puissance d'effet ; quelle hardiesse de pose, dans ces groupes étagés et mouvementés. Celui des femmes de la Passion surtout si passionnément désespérées qu'on y sent l'expression la plus grande de la douleur humaine.

Mon retour vers cette impression prouve au moins une chose, c'est que, même à Florence, on ne se dégage pas facilement du souvenir de Venise.

Il y a entre elles bien d'autres objets de comparaison,

l'une étant aussi vivante et animée que l'autre est triste et silencieuse. — La sévère Florence, au lieu des édifices mauresques si élégants à Venise, offre ses grands et solides palais de blocs de marbre brut et sombre à peine dégrossi, entourés de banquettes pour asseoir les clients, et garnis d'énormes anneaux de fer pour attacher leurs chevaux, et marquant bien chacun une époque de l'art et de la vie orageuse d'un peuple. Sur la place de la Seigneurie, le palais Vieux, édifice municipal percé de très-peu de fenêtres, avec une très-haute tour couronnée de créneaux en surplomb ; puis, les palais Strozzi, Médicis, Corsini, Ricchiardi et Pitti, le seul d'origine plébéienne, carrés comme des forteresses, armés en guerre comme des châteaux forts, et grillés aux fenêtres comme des prisons, pour les tempêtes civiles et les luttes sanglantes des partis, des Uberti et des Buedelmonti, des Guelfes et des Gibelins, des noirs et des blancs.

Il faut dire cependant, si l'on écoute des chroniqueurs, que Florence, au fond sombre du tableau des mœurs violentes et municipales d'autrefois, oppose les signes manifestes de la vie intelligente et des mœurs élégantes et un peu épicuriennes de ses habitants ; aussi le goût des arts, qui est leur qualité dominante, et les gracieuses collines et les villas qui couronnent Florence, en ont-ils fait le milieu italien où les étrangers aiment par dessus tout à s'arrêter et à revenir.

Par un côté de l'art, Florence se distingue de Venise. — Quoique ayant encore dans les yeux l'éblouissant éclat de la peinture vénitienne, cette reine un peu exclusive de la couleur, un charme nouveau nous attendait à Florence, et nous avions en réserve une admiration qui, pour être plus calme, n'en était pas moins vive pour les chefs-d'œuvre de toutes les écoles rassemblés au *Uffizzi* et au *palais Pitti*, et en particulier pour ceux de l'école florentine, si pure de tout excès, si classique dans la bonne acception du mot, par la dignité des formes, la sérénité du dessin et les gammes si bien fondues d'un coloris délicat ; — contraste saisissant avec les toiles et les fresques vénitiennes qui, bien qu'admirables de mouvement et d'éclat, n'en procèdent pas moins d'un besoin de luxe oriental et d'un dévergondage d'imagination qui ne sait mettre aucun frein à sa fantaisie, et qui sacrifie le dessin à la couleur, la pensée à la sensation, la vraisemblance à l'effet décoratif, et la chronologie à l'ardent mariage des couleurs ; comme nous voyons, par exemple, dans les *Noces de Cana* au Salon Carré du Louvre, un disciple de Mahomet en turban auprès de l'adorable figure du Christ ; comme ailleurs, un guerrier du temps de Darius et d'Alexandre à côté de Charles-Quint et de François Ier.

A Florence aussi sont ces beaux marbres si purs du génie grec appelés la *Famille des Niobé;* et cette charmante *Vénus de Médicis* qui pourtant, toute parfaite qu'elle soit dans sa beauté idéale et la svelte élégance de ses formes, ne m'en semble pas moins une adorable grisette, quand on la compare, à distance, avec la grande dame qu'on appelle la *Vénus de Milo.*

Un autre attrait de Florence, c'est *Santa-Maria del Fiore*, sa cathédrale, avec son admirable campanile, le baptistère, et la *Loggia*, qui n'en sont séparés que par une place beaucoup trop étroite pour encadrer tant de richesses. C'est probablement pour ce défaut d'air et d'espace que la cathédrale, d'une masse imposante et d'une gravité grandiose, m'a paru un peu massive, surtout dans son dôme qui manque de proportion : son élévation ne répond pas à son diamètre ; — un peu plus de gothique lui eût donné plus de grâce et de légèreté, mais elle rachète un peu de sa pesanteur par des beautés d'un très-grand caractère.

L'intérieur aussi est d'une beauté sévère par ses grandes nefs, les statues et les tombeaux de marbre des plus grands artistes ; les yeux se reposent à la variété des couleurs et au dessin des marbres du pavé qui donne l'idée de la riante image d'un parterre émaillé de fleurs ; et les portes de bronze de la sacristie font pressentir celles du baptistère de Ghiberti, et qui sont à bon droit célèbres par le fini des ciselures et le vivant relief des innombrables figurines de saints et de personnages bibliques.

Quant au campanile, il est pour moi la perle de Florence, le bijou précieux que Charles-Quint aurait voulu emporter dans un écrin. — Il a cette élégance aérienne qui se fait désirer dans le dôme et dans le baptistère ; ses quatre étages de fenêtres allongées, encadrées de fins cordonnets de marbre guilloché, sont partagées, pour plus d'élan, par de fines colonnettes fuselées, ce qui donne à la tour un cachet de grâce, d'élégance et de poésie qui tient les yeux levés et commande l'admiration.

Il semble avoir subi l'influence plus mauresque du gothique fleuri, et l'on n'a pas lieu de s'en étonner quand on sait que le grand peintre *Giotto* est l'architecte qui l'a bâti. — A une époque bénie de l'art italien, les artistes éminents, comme Raphaël, Michel-Ange et Léonard de Vinci, étaient en même temps de grands peintres et de grands architectes, il faut ajouter de grands poètes, quand on songe aux sonnets sculptés de Michel-Ange.

Rome, 11 avril 1876.

Notre première impression, sur Rome, n'a pas été agréable ; et deux excursions, en sens contraire, à travers la ville, nous l'ont montrée sale, déplorablement percée, mal bâtie, sans méthode et sans goût, avec des rues étroites, tristes, solitaires, mal éclairées, et n'ayant, en général, ni magasins, ni boutiques.

Les trois premiers monuments que nous ayons rencontrés, sans les chercher, en dehors du quartier désert de la Rome antique, sont le Panthéon d'Agrippa, la colonne de Marc-Aurèle et la colonne Trajane, toutes deux en marbre, autrefois blanc, aujourd'hui noirci par le temps : la première, au milieu de la place Colonna, l'autre, au fond du Forum de Trajan, signalé par des colonnes isolées et tronquées à demi, et en contre-bas de huit à dix pieds des voies urbaines qui entourent actuellement ce Forum. — Iliades de marbre, elles ont évidemment servi de modèle à notre colonne Vendôme, et présentent, comme elle, enroulés en spirale, de splendides bas-reliefs, de figures, de casques, d'armures et de trophées de victoire. — Par un double et singulier anachronisme, la colonne de Marc-Aurèle est couronnée d'une statue en bronze doré de Saint-Paul, et la colonne Trajane de la statue de Saint-Pierre.

Le Panthéon est une colossale rotonde, qui serait imposante, si son élévation répondait à sa masse ; mais le péristyle, le grand portique soutenu par seize belles colonnes de granit oriental, a un grand caractère ; la rotonde intérieure dont on a fait une assez médiocre église, est blanchie à la chaux : le tombeau et les cendres de Raphaël font oublier au visiteur et à l'artiste ce vulgaire badigeonnage que se serait à peine permis un obscur curé de village ; mais ne peuvent faire pardonner la mutilation que le pape Urbain a fait subir au couronnement du péristyle, en lui enlevant les masses de bronze qui ont servi à faire les colonnes torses du baldaquin de Saint-Pierre.

Quel contraste entre ce temple païen, noir, enfumé, et la merveille du catholicisme qu'on appelle Saint-Pierre de Rome ! — C'est ce que le premier coup-d'œil peut imaginer de plus grandiose ; impossible de s'arrêter à aucuns détails qui nuiraient à l'impression de l'ensemble. — Un trop grand jour, peut-être, pénètre l'intérieur pour nous, habitués à la mystérieuse obscurité de nos églises gothiques ; mais le soleil d'Italie, qui veut partout jouer son rôle, éclaire ici tant de magnificence, qu'on ne sait qui l'emporte de la majesté des proportions ou de l'effet de ce vide immense de la nef et de la coupole, que la seule idée de Dieu est capable de remplir.

De là nous sommes allés, en traversant Rome de l'Ouest à l'Est, à Sainte-Marie-Majeure et à Saint-Jean de Latran, les deux premières églises de la catholicité. — Elles sont belles et curieuses, malgré les restaurations successives qui les ont gâtées peut-être, comme beaucoup d'autres où l'on a remplacé la simplicité primitive par un luxe inouï de dorures et de marbres éclatant de couleur, par une ornementation, une somptuosité qui attirent plus l'œil du curieux qu'elles n'élèvent l'âme du croyant.

Derrière Saint-Jean de Latran, qui a été la première basilique du Saint-Père avant Saint-Pierre, comme le Quirinal a été sa demeure avant le Vatican, est un édifice religieux en grande vénération, car il renferme la *Scala Sacra,* les marches même de l'escalier du palais de Pilate qu'a monté Jésus-Christ pour aller subir ses interrogatoires.

— On ne peut le monter qu'à genoux, et un religieux veille sans cesse à ce qu'il ne soit pas profané par les pieds des visiteurs.

Après cette visite, d'un intérêt si pénétrant, nous sommes descendus vers la ruine gigantesque du Colysée, et l'arc de triomphe de Titus sous lequel nous sommes passés, sur le pavé même de la voie sacrée qui conduit au Capitole en longeant, à droite, quelques hautes arcades de la basilique de Constantin, et à gauche, le palais des Césars qui nous a paru d'en-bas un amas informe de ruines, de terre mêlée de briques, de pans de murs écroulés ; puis nous avons passé en revue, par une belle route de voiture pratiquée circulairement à travers le Forum romain, le charmant petit temple de Vesta, très-bien conservé, avec ses mignonnes colonnes ; les trois colonnes cannelées qui restent du temple de Castor et Pollux ; la colonne isolée de Phocas ; le forum proprement dit en contre-bas de la basilique Julia, huit colonnes magnifiques du temple de Faustine et d'Antonin, et qui servent de péristyle à une église ; puis, à droite de la route, bien au-dessous d'elle, et entre elle et le Capitole, l'arc de triomphe de Septime Sévère, trois colonnes du temple de Vespasien, et enfin, reliées par un entablement, neuf belles colonnes du temple de Saturne, et tout cela, dans un espace assez restreint, bien moindre que ne le comporte, par la pensée, leur énumération, ce qui indique combien chacun de ces monuments était de minime proportion ; ou bien, par une illusion d'optique, le premier coup-d'œil un peu trop rapide, nous a-t-il trompé sur les dimensions, comme à Saint-Pierre, et autrefois au bord de la mer, et en présence des montagnes. — Nous y reviendrons plusieurs fois, surtout au Colysée, près duquel il n'est pas permis de passer sans faire le tour de ses hautes murailles, à quatre étages, restées debout, du côté de la ville, et sans entrer dans la vaste enceinte qui est bien plus en ruine que les murs extérieurs. — Ils ont mieux résisté au temps, aux barbares qui en ont arraché les crampons de bronze qui reliaient les pierres, et surtout aux déprédations plus sacrilèges des grands seigneurs romains qui en ont, eux, arraché les pierres pour bâtir leurs orgueilleux palais, notamment le palais *Barberini,* ce qui a fait clouer à son fronton cette sanglante épigramme latine :

Quod non fecerunt Barbari, fecere Barbarini.

L'intérieur, quoique bien dégradé, est encore imposant par ce qui reste de ses gradins, de ses couloirs circulaires et des vomitoirs, qui y amenaient plus de 100,000 spectateurs, atrocement avides des jeux sanglants de cet amphithéâtre de la barbarie, où le bon Titus, le meilleur pourtant des empereurs romains, ce qui fait juger des autres, amusa pendant une seule année ce peuple blasé et ces belles Romaines, sans cœur encore plus que sans honte, par le hideux spectacle de l'égorgement de 5,000 animaux féroces et de 100,000 juifs, chrétiens, prisonniers, esclaves et gladiateurs. — Et ces gens-là se disaient les civilisateurs du monde ; les barbares n'étaient pas loin !

Comme une atmosphère trop chargée d'impuretés a besoin de la foudre pour se purifier de vapeurs délétères, le monde avait besoin de ces violents auxiliaires, de ces précurseurs inconscients du christianisme, pour purifier de ses iniquités sanglantes la Rome païenne et atrocement matérialiste, et préparer à l'humanité une ère nouvelle de civilisation et de fraternité parmi les hommes.

Rome, 13 avril 1876.

Nous sommes revenus de notre première impression sur Rome; nous y avons retrouvé le mouvement et l'animation au Corso, dans les rues des Condotti, des Fontanelli, et sur les belles places Navone et de *Monte-Cavallo*, qui entoure le Quirinal, et que Stendhal nomme, avec une exagération qui n'était pas pour lui une habitude, *la plus belle place du monde*, sans doute à cause de sa belle vue et du panorama de Rome. — Les trois quarts de la ville sont toujours tristes et mal bâtis : toutes les vieilles villes sont à peu près ainsi; mais ce qu'elles n'ont pas, ce sont les points lumineux, les éléments d'attraction qui ramènent et retiennent les artistes, les archéologues et les voyageurs, comme Rome et les cinq ou six grandes villes d'Italie, autrefois des capitales. — Ici, par exemple, indépendamment des riches palais et des trois cents églises dont nous avons déjà signalé l'éclat et la richesse, il faut mettre au premier rang et aux deux extrémités opposées les deux plus grands objets de la curiosité de tous et de notre émotion particulière, *Saint-Pierre* et la *Rome antique*.

Le Corso est la grande artère qui, de cinq à sept heures du soir, présente un concours incessant, un double rang de voitures de maître, un flot de promeneurs sur des trottoirs de beaucoup trop étroits pour une pareille circulation.

Peu de belles et jolies femmes. — Où sont donc ces superbes Romaines si renommées d'autrefois? Leur élégance y est encore, mais leur beauté n'est-elle donc plus qu'à l'état archéologique dans les statues de Canova, dans les tableaux de Raphaël, du Corrége et de Guido-Reni?

— Elles semblent aussi rares que les Vénitiennes au bord de l'Adriatique, que les Florentines sur les rives de l'Arno. L'internationale aurait-elle passé sur ces races, comme elle entend poser son niveau sur les conditions humaines?

L'effet de Saint-Pierre est plus grand encore qu'à notre première visite; la place immense dont il fait le fond, bien encadrée par sa double colonnade circulaire, qui ne l'entoure cependant qu'à moitié, avec les belles statues de sa corniche, prépare bien à juger des dimensions de l'église et de son gigantesque dôme ; mais nous ne sommes pas les premiers à regretter que, pour la façade et ses très-hautes colonnes qui seraient sveltes partout ailleurs, le Bernin n'ait pas compris le plan primitif de Bramante et plus tard de Michel-Ange. — C'est le péristyle d'un théâtre ou d'un temple grec, plutôt que d'une église du style sublime de Saint-Pierre de Rome; et Ponsard, sans que je fasse tort à sa mémoire en le comparant au Bernin, eût ajouté ainsi un cinquième acte qui eût manqué au *Polyeucte* de Corneille où à l'*Athalie* de Racine.

Le péristyle, avec son anachronisme architectural, a le défaut de masquer la coupole de cette reine des églises; mais il a le singulier effet de rendre plus grande l'impression de l'intérieur.

Comme devant tout ce qui est grand en soi, comme en face de la mer et des montagnes, l'homme se sent petit; s'il veut bien pourtant abaisser son orgueil, il sent s'éveiller en lui un sentiment qui le relève, et reprend ses droits par la poésie de son imagination et la spiritualité de son âme.

Que m'importent les calculs mathématiques du mètre et du compas, qui me disent que Saint-Pierre a 574 pieds de longueur sur 517 de largeur à sa croix; que les statues ont 12 ou 15 pieds, quand elles me semblent avoir une grandeur naturelle ; et que le baldaquin du maître-autel de la confession de saint Pierre, sous la coupole, est aussi élevé qu'un moyen palais de Rome, quand il me paraît de dimension ordinaire.

Qu'on me dise encore que les colonnes torses du baldaquin paraîtraient impossibles si on les isolait ; que le bon goût n'a pas toujours présidé à tous les détails de l'ornementation ; que les statues des saints, des moines, des anges et des personnages historiques sont maniérées ; les marbres et les dorures trop prodigués ; qu'importe encore, j'entends résumer et non analyser mon impression, et pour elle tout ici concourt à l'effet général qui est immense. Il faut s'incliner devant des proportions si harmonieusement observées, comme devant tout ce qui nous paraît sublime et manifeste la pensée de Dieu, qui remplit tout, et ne peut s'exprimer que par un seul mot : *O altitudo !*

Quelques palais sont beaux et riches, surtout en galeries de tableaux ; mais ils n'ont pas la fière tournure de ceux de Florence, ni l'élégance des palais de Venise.

Ne pouvant les visiter tous, nous avons dû nous borner aux deux palais Barberini et Borghèse. — Extérieurement, ils n'ont rien qui attire l'attention, comme ceux de Venise et de Florence ; mais à l'intérieur, quelle richesse d'art et d'ornementation de toute nature, Borghèse surtout !

Leurs galeries sont des musées véritables ; on s'y sent touché par l'ineffable douceur des Madones, des Pieta, des saintes Familles et des Madeleines, et reposé par la fraîcheur des paysages. Là, sont des points lumineux où l'on revient sans cesse, avec Raphaël, André del Sarte, Guido-Reni, Léonard de Vinci, Albert Durer et notre Claude Lorrain ; des portraits vivants semblent s'élancer de leur cadre, notamment ceux de *Beatrix Cenci* de Guido-Reni, naïve et adorable figure qui ferait douter de la dramatique histoire domestique, si brutalement racontée par Stendhal, et de Jules II, par Raphaël ; de la Fornarina, par Raphaël; de Côme de Médicis, par Bronzino ; d'une Danaé, du Corrége ; de trois cardinaux, par *Titien*, *Bronzino* et *Mazaccio*; enfin, de César Borgia, magnifique d'expression et de sauvage énergie, par Raphaël. — Ces portraits nous attirent plus que de grands tableaux, comme pénétrés d'une plus grande intensité de vie.

Le palais Borghèse est moins riche en tableaux que le palais Barberini, mais il lui est bien supérieur pour l'ameublement, les tentures, les marbres, les dorures, les glaces de Venise, les émaux et les porcelaines. — Il y a surtout, donnant sur le Tibre, un petit boudoir adorable de grâce coquette ; le prince Borghèse n'a pas toujours eu l'œil à la serrure ; un verrou intérieur allait mieux à Pauline. — C'est elle qui, pour sa statue en pied, avait posé devant Canova dans un état de nudité complète, et répondait à une amie qui s'en étonnait naïvement : « Ah ! il faisait si chaud ! » C'était tout naturel, en effet.

Voilà comme on entendait alors et le luxe et la vie.

Rome, 14 avril 1876.

Hier, nous sommes montés au Capitole, si on peut appeler cela monter ; c'est à peine une colline, comme celle que les Romains appelaient orgueilleusement les Sept-Monts ; on y arrive à pied par un bel escalier de marbre, et en voiture par une douce route tournante.

Nous sommes descendus, en le prenant cette fois à revers, dans le Forum romain, au centre des antiques monuments en ruine dont nous avons déjà parlé, marchant dans la poussière du colosse qui a été Rome, et que Byron appelle si poétiquement la *Niobé des nations*, sur les pierres mises à nu de son pavé historique, dégagé des trois ou quatre mètres de terre qui le recouvraient depuis des siècles, pierres inégales qu'ont foulées Fabricius, Paul-Émile, Brutus et César, Antoine et Cicéron, les assassins et les victimes, Néron et Trajan, les fous et les sages.

Au-dessus du Forum est, dans sa forme quadrangulaire ancienne, la basilique Julia, que des érudits allemands appellent, les uns, le *temple de la Concorde*, les autres, le *temple de la Fortune*. Il n'y a que les lourdes cervelles allemandes pour brouiller les choses les plus simples. — Là devaient se trouver, à la jonction de la basilique Julia et du Forum, les *Rostres*, ou *Tribune aux harangues*, au-dessus du Campo-Vaccino, qui ne faisait qu'un avec le Forum, car le champ de foire et celui des assemblées du peuple étaient la même enceinte où le beuglement des bœufs de la maremme se mêlait aux accents de l'orateur romain.

La poussière de ce grand monde évanoui nous a pris au cœur encore plus qu'à la gorge ; le vent d'hiver qui passe sur des ruines et sur des bois dépouillés de leur feuillage, a toutes les tristesses d'une plainte humaine ; mais la pensée est bien plus triste encore en face des débris et de la décadence des empires ; et la Rome des Césars n'a rien à envier aux ruines de Babylone, de Balbeck et de Palmyre : un même vent de mort a mêlé leur poussière.

Rome, 15 avril 1876.

La chapelle Sixtine a bien souffert du temps ; on la répare en ce moment — pourvu qu'on ne touche pas à ce splendide plafond qui écrase toutes les autres fresques des murs latéraux qui ne sont pas de Michel-Ange. — Il ne faut pas rapprocher les yeux avec une trop bonne lorgnette des grands traits de cette peinture de la création et des phases de la Genèse ; car c'est à une distance, calculée pour l'effet, qu'il faut admirer cette vigueur de traits, cette énergie de couleur, et ce relief étonnant des personnages bibliques.

Rien non plus ne peut donner l'idée, même dans la belle copie de Sigalon, si on ne l'a pas vu sur place, de cet admirable chef-d'œuvre du *Jugement dernier* qui couvre vingt mètres de surface ; il n'y a que les deux fresques du Tintoret à Venise, qui aient une dimension plus grande.

Le temps avec sa complice, l'humidité, a posé sa griffe sur cette peinture qui a poussé au noir et s'est écaillée par places, comme la Cène de Léonard de Vinci, à Milan ; mais sans entamer la vigueur du dessin qui a résisté, comme la musculature d'un hercule ! — Quelle beauté d'ensemble ; quelle hardiesse de conception dans ces groupes superposés, d'une forme un peu sculpturale que ne pouvait abandonner Michel-Ange, un fouillis sans confusion pourtant, et sur plusieurs plans impossibles à concilier, pour toute autre main que la sienne.

Loin d'imiter la témérité des copistes, jamais je n'ai mieux compris qu'en présence du Jugement dernier, cette formule de respect d'un adage espagnol : *Ne touchez pas à la Reine*. Il faudrait, dans un même homme, l'œil d'un artiste et la tête d'un théologien, pour apprécier dignement cette puissante composition, en présence de laquelle l'étonnement et l'émotion se fondent en un seul sentiment, celui de l'admiration.

Aussi, en sortant de l'atmosphère d'une si chaude couleur, sommes-nous restés froids aux loges où les sujets bibliques et évangéliques sont divisés aux voûtes, en de trop petits compartiments, et traités avec des couleurs trop uniformément jolies, pour causer autre chose que la satisfaction des yeux.

Il n'en est pas ainsi des *Stanze* de *Raphaël,* je ne parle que des trois qui lui appartiennent en réalité. — L'impression est profonde et grandit à mesure, comme l'admiration sans bornes pour l'unité parfaite de composition, l'intimité du dessin et de la couleur, et pour la poésie de la composition qui n'a d'égale que la poésie de l'exécution, et cela partout, dans les cinq chefs-d'œuvre de la peinture qu'on appelle :

La Dispute du Saint-Sacrement,
L'Ecole d'Athènes,
Le Miracle de Balsène,
Le Parnasse,
L'Incendie du bourg,

Indépendamment de Saint-Pierre-aux-Liens où la lumière vient de trois côtés, sans se nuire, et des charmants médaillons des voûtes :

La Philosophie,
La Justice,
La Théologie,
La Poésie.

Quelle grâce sans manière! quelle vigueur sans effort! quelle élégance qui n'exclut pas l'énergie!

Leur description est partout : dans les livres, les voyages, les histoires de la peinture, dans l'admirable lettre de Châteaubriand à Fontanes, dans Viardot, dans Stendhal ; mais je ne crois pas que la plume la plus exercée puisse donner l'idée de l'étonnant contraste qu'on trouve, en passant d'un tableau à l'autre, entre la sereine réalité de l'école d'Athènes, où sont groupés tous les philosophes de la Grèce ; la Dispute du Saint Sacrement où sont groupés de même tous les docteurs, les pères de l'Eglise et les théologiens les plus renommés, et cette scène si dramatique de l'Incendie du bourg, où tous les groupes sont animés de tant de mouvements et d'un si grand souffle de vie.

L'exagération de quelques écoles italiennes n'eût pas manqué à ce dernier sujet ; mais Raphaël avait le don suprême de l'ordonnance dans la confusion, de la modération dans la force et du charme même dans l'expression des plus énergiques compositions.

Ces impressions très-vives nous donnaient le droit de choisir et de ne nous arrêter que devant les plus grandes toiles du musée du Vatican. — Plus exclusivement que tous les autres, trois chefs-d'œuvre nous ont tenus longtemps en admiration.

Indépendamment de ce qu'ils ont de sublime, par le sujet et la composition, sans être de grands connaisseurs, il y a en nous un sentiment du beau qui nous guide et nous retient en face des toiles justement renommées, et nous avons été pénétrés jusqu'à la moelle des beautés saisissantes de la *Transfiguration,* du *Couronnement de la Vierge* de Raphaël et de la *Communion de Saint-Jérôme* du Dominiquin.

Nous avions vu, au Musée de Rennes, un précieux petit tableau de la Transfiguration, par Jules Romain, l'élève chéri de Raphaël ; mais cette copie si réduite donnait à peine l'idée de ce tableau sublime, le dernier mot de l'art, comme le dernier coup de pinceau du peintre d'Urbin, et de cette radieuse image du Christ, illuminant tout ce qui l'entoure de la lumière céleste, émanant de cette figure et des vêtements même qui n'appartient déjà plus à la terre.

La composition du Saint-Jérôme résume toute l'histoire morale et les austérités ascétiques de ce martyr volontaire de sa foi, du solitaire des cavernes de la Thébaïde. — Un groupe d'hommes et de femmes l'entoure; toutes ces figures expriment la plus profonde pitié. Lui, quoique relevé sur les deux genoux, est affaissé et éteint; et si ce n'était le Pontife qui lui présente la sainte hostie, on ne verrait là qu'un cadavre : — mais quelle pose, quelle souffrance, dans ce visage livide qu'éclaire cependant la plus merveilleuse lumière : — quel épuisement dans tout ce pauvre corps, arrivé au dernier degré de l'émaciation !

Là, comme à Florence et à Venise, l'art de donner la vie par la peinture est l'une des plus grandes illustrations de l'Italie.

Rome, 16 avril 1876.

Avant-hier, vendredi de la semaine Sainte, vers midi, nous avons eu, sur lettre indiquant le jour et l'heure, une audience du pape Pie IX.

Dans une grande salle en carré long, nous étions environ soixante, non pas pèlerins, mais visiteurs, rangés sur des banquettes, lorsque le Pape est arrivé, boitant un peu, et s'appuyant sur une béquille, celle de Sixte-Quint peut-être. Il est très-replet de corps comme de visage ; calme et digne, avec un vif éclair métallique dans les yeux.

Parcourant lentement les deux files de voyageurs ou visiteurs, et les relevant à mesure en leur donnant son anneau pastoral à baiser ; il m'a dit tout-à-coup, sans que je sache sur quelle indication de ma personnalité et de ma qualité : *Monsieur, j'aime beaucoup les Bretons, et j'estime particulièrement les magistrats bretons.* — Je lui ai répondu : *C'est surtout en Bretagne qu'on apprécie, dans Votre Sainteté, l'alliance d'un grand caractère et d'une grande douceur évangélique.*

Après avoir béni tout le monde et quelques objets de piété, il nous a fait en très-bon français, italianisé quant à l'accent, une allocution toute paternelle sur la nécessité de bien vivre, afin de bien mourir, d'une manière simple et naturelle, et sans faire la moindre allusion à sa situation difficile. — Tout cela a été plus émouvant qu'une audience d'apparat.

De là, par une énorme course de voiture, d'une extrémité de Rome à l'autre, nous nous sommes fait conduire aux Thermes de Caracalla ; c'est certainement, avec le Colysée, l'édifice le plus étonnant par ses gigantesques proportions, et qui donne le mieux la mesure de la puissance architecturale des Romains.

Commencés sous Caracalla, terminés par Héliogabale, deux monstres que les Thermes de l'histoire ont noyés dans une baignoire de sang, ils pouvaient contenir, en même temps, 1,600 personnes pour l'exercice salutaire de la natation dans leur immense piscine ; d'autres, de plus petite dimension, s'ouvraient pour les bains chauds ou froids, ou à vapeur, et cela séparément, pour les hommes et pour les femmes ; par un mécanisme ingénieux, c'était la vapeur de l'eau devant servir aux bains chauds qui montait, au moyen de tuyaux en briques, pratiqués dans les murs, à l'étage supérieur, pour les bains de vapeur.

Si les voûtes sont crevées, effondrées, la plupart des murs de briques et de ciment sont encore debout, à une prodigieuse hauteur ; mais leurs siéges, leurs colonnes de marbre ou de porphyre, dont on rencontre encore quelques tronçons épars, leurs parements, leur pavé de mosaïque, dont il reste quelques lambeaux, tout cela a été arraché, dispersé, moins par le temps que par les hommes des âges suivants, pour l'ornement des palais et des églises, comme au palais même des Césars.

De là, passant sous l'arc de triomphe de Constantin, et rasant le mur oriental du Colysée, nous sommes allés voir, comme objet de curiosité autant que de comparaison, les Thermes de Titus ; c'est pour moi la grande pensée d'un justicier, plutôt que celle d'un empereur voulant avoir aussi des Thermes attachés à son règne, qui l'a porté à enfouir le Palais d'or de *Néron* et à bâtir ses Thermes par dessus, comme pour effacer de Rome les monuments qui rappelaient son nom : déjà il avait démoli l'aile que Néron avait cru devoir ajouter au palais des Césars, de même que depuis, Saint-Pierre et le Vatican ont recouvert les jardins et l'amphithéâtre de cet histrion couronné.

Sous les décombres de l'enfouissement des salles basses déblayées, et qui n'ont jamais dû être bien éclairées, on nous a montré, à la lueur d'une torche, à la voûte d'une sombre galerie, de charmantes peintures à fresque qui, malgré le temps et l'humidité du lieu, ont conservé une grande fraîcheur ; ce sont les seules peut-être, avec celles de Pompeï, qui restent de l'antiquité grecque et romaine. — Raphaël, dit-on, est venu plusieurs fois, sur un échafaudage, en étudier le dessin et le coloris.

Malgré son origine barbare et sa sanguinaire destruction contre les juifs sous Titus, contre les chrétiens sous Dioclétien, il faut sans cesse revenir au Colysée et n'en voir que la grandeur, comme la poésie de ses ruines intérieures, et la beauté de ses quatre étages de murs restés entiers du côté de Rome, et que décorent des colonnes de quatre ordres différents d'architecture grecque. — Les Papes y ont planté une croix au milieu de l'arène des gladiateurs, à la fois pour la purifier de sa souillure sanglante et pour arrêter les déprédations des démolisseurs romains.

Enfin, nous avons, pour la dernière fois, suivi la Voie Sacrée, traversé le Forum, et passé plus attentivement en revue les débris de la vieille Rome, emportant, mêlé à notre vie intellectuelle, un des plus puissants éléments d'intérêt que puisse nourrir un souvenir de voyage en Italie, cette poésie des ruines qui marque une trace ineffaçable dans le cœur encore plus que dans l'imagination.

En sortant du Musée, nous sommes entrés, sur une carte spéciale, à l'atelier de fabrication des Mosaïques du Vatican, qui nous a vivement intéressés.

La mosaïque, tout le monde le sait, n'est pas nouvelle dans l'art; les anciens, les Romains et surtout les Grecs, ces maîtres dans l'art plastique, l'ont pratiquée d'une manière supérieure, comprenant bien que leur peinture à la détrempe n'ayant pas en elle de condition de lutter contre le temps, ils ont voulu y suppléer; cela est attesté par l'extérieur des maisons d'Herculanum, par les belles mosaïques des Thermes de Caracalla et de la Villa Adriani qu'on voit au Musée Capitolin.

Un grand pas a été fait depuis, sous le pape Clément VIII, qui fit exécuter en mosaïque les peintures de la coupole de Saint-Pierre, et, par ses successeurs, qui ont fait remplacer tous les autels, par des tableaux en mosaïque, les tableaux des maîtres, même ceux de Raphaël, ce qui console un peu de la dégradation du *Jugement dernier* de la chapelle Sixtine et de la *Cène* de Léonard de Vinci, à Milan.

Cet art si précieux avait fait aussi son invasion à Venise, avec les artistes byzantins qui y ont fait école et illustré la splendide cathédrale de Saint-Marc, par les mosaïques, sur fond d'or, de ses porches et de ses coupoles.

Les tableaux et les parvis ne se composaient alors que de petits cubes de marbre ou de pierres appliqués sur un mastic solide ; mais on a bientôt compris combien la gamme des couleurs se trouvait limitée, quelque variés que fussent les marbres d'Orient et d'Italie, et qu'il fallait y suppléer par un ingénieux procédé artificiel, afin de reproduire les nuances les plus fines et les mieux fondues des tableaux des grands maîtres, des coloristes surtout, et de leur donner la durée qui échappe aux modèles.

Ce qui compose aujourd'hui et depuis assez longtemps déjà les éléments des mosaïques, ce n'est plus du marbre, mais une fine poussière de pouzzolane vitrifiée par un procédé chimique, et qui devient une pierre plus dure que le marbre lui-même; un autre procédé y mêle des couleurs d'une adhérence parfaite. — Il y en a plus de deux mille nuances pour la reproduction des tableaux.

On taille ces pierres avec un petit marteau très-aigu ; on use à une meule d'un grain très-fin les morceaux, afin de leur donner la forme et la dimension voulues, après leur avoir fait un lit humide et profond, avec une pâte composée d'une manière particulière et qui devient dure comme du stuc.

Nous ne savons comment on procède pour les grands tableaux ; mais, pour ce qu'on a fait devant nous, le moule sur lequel l'artiste travaille est en plâtre, où est dessinée la figure ou le portrait à reproduire. Il creuse délicatement ce plâtre qu'il remplace par le lit de pâte dans laquelle il engage, en les ajustant, les petits morceaux de mosaïque, de manière à former un nez, une bouche, un front, une main, un vêtement, et le tableau ou grand médaillon s'achève ainsi avec une patience qui n'a d'égale que la perfection du tableau, de manière à défier les plus fines nuances de la peinture.

Nous avons vu faire ainsi une minime partie du front d'un pape, pour la grande collection des papes ou médaillons de Saint-Paul hors les murs.

Pour donner du lustre ou de l'éclat à ces compositions qui sont pour l'œil de véritables peintures, on y passe un fin vernis de cire variée de couleurs, comme celle des pierres. — Quelle patience et quelle adresse il faut avoir !

Le fond d'or de tous ces tableaux est aussi une vitrification sur laquelle s'applique une feuille d'or ; par son adhérence, elle fait corps avec la pierre.

Voilà les explications mal comprises, peut-être, mais en tout cas bien réduites ici, que nous ont données, avec une grande complaisance, les maîtres mosaïstes que nous avons vu travailler, et qui ajoutent chaque jour au perfectionnement d'un art qui perpétue merveilleusement les peintures que le temps ne sait pas respecter.

Naples, 18 avril 1876.

Nous sommes arrivés à Naples par une pluie torrentielle qui n'a pas duré, mais qui nous a laissé un ciel gris et voilé, au lieu de ce bleu profond que nous venions y chercher, pour trouver à ce beau golfe son miroir habituel, ce *cœruleum mare* des voyageurs et des poètes.

Nous sommes aux premières loges du spectacle napolitain, et magnifiquement installés dans une belle et grande chambre, au premier étage, avec un balcon en saillie sur le quai *Santa Lucia* qui borde et domine le golfe de Naples ; — et nous avons devant nous, un peu à gauche, les deux cornes du Vésuve, au-dessus de Portici et bien en face Castellamare et Sorrente, avec les vertes montagnes qui les dominent, ce qui nous fait, pour tous les jours, toutes les heures, une splendide perspective ; car c'est ici la grande nature que Byron mettait bien au-dessus de toutes les œuvres des hommes, et qui fait tous les frais de ce que nous gardions pour elle d'admiration en réserve.

Je ne sais! ce que peut être la rade de Rio ou la Corne-d'Or du Bosphore ; mais je doute qu'elles offrent le radieux spectacle qu'un brillant soleil éclaire ce matin, bien que la mer, encore un peu houleuse, se ressente de l'orage qui nous a payé hier une si singulière bienvenue ; elle a encore un petit air de mauvaise humeur qui ne dit rien de bon pour ce soir.

Néanmoins, à midi, nous avons pris une de ces charmantes petites voitures découvertes qui pullulent par milliers sur toutes les places, sur les quais et dans les moindres carrefours, élégamment attelées de petits chevaux fringants qui semblent avoir du sang napolitain dans les veines, excités encore par le cliquetis de leur attelage de cuivre brillant comme de l'or ; et nous sommes partis, à travers cette immense ville de Naples, comme nous faisons d'habitude, pour connaître bien le champ de nos excursions.

Venise est la ville du silence et de l'influence orientale ; Florence, de l'art par excellence et marqué au coin de ses orageuses républiques, avec ses grands palais carrés et bardés de fer, comme des chevaliers du moyen-âge ; Rome, la ville de la tristesse actuelle, relevée par les souvenirs de son double passé romain et catholique, avec leurs magnifiques manifestations : le *Colysée des Empereurs* et *Saint-Pierre des Papes* ; Naples, la ville du bruit de la vie extérieure, de l'agitation sans but et d'une nature enchanteresse à défaut de souvenirs anciens illustrant les feuillets de son histoire. — Mais quelle intensité de vie dans le fourmillement de cette foule qui s'écoule pour se renouveler sans cesse, dans le concours, le croisement de voitures qu'on ne voit pas seulement, comme à Rome, de cinq à sept heures au Corso, mais de dix heures du matin à minuit, d'un bout à l'autre de la longue rue de Tolède et sur toute la ligne circulaire des quais, de plus d'une lieue d'étendue, du faubourg qui se continue sur Portici à la Margellina, au pied du Pausilippe.

A part les palais qui sont rares, c'est généralement plus beau que Florence et bien mieux bâti que Rome ; — les rues, plus spacieuses, sont, comme les quais, pavées de larges dalles de granit et bordées de grandes maisons bariolées de couleurs tendres et variées, qui, avec leurs jalousies vertes et leurs balcons en saillie, ajoutent à la gaîté rayonnante du site et du climat.

Nous avons parcouru, par ses artères principales, cette belle cité de Naples, si capricieusement étagée, du fond du golfe aux hauteurs de Capodimonte au centre ; et, vers l'est, du quai de la Chiaia au fort Saint-Elme et au couvent des Camalduldes ; et nonchalamment couchée, comme une odalisque qui rêve, sur son incomparable golfe qui est à la fois sa vie et son enchantement.

Nous allions à grands pas, le premier jour, de l'extrémité de cette courbe immense de la Margellina, cette rampe charmante qui descend du Pausilippe, au superbe faubourg qui prolonge la ville à l'ouest, si on peut appeler un faubourg la ligne continue de *trois ou quatre lieues* de maisons, de palais et de villa charmantes, qui joint Naples à Portici, Torre del Greco, l'Annonciata, Herculanum et Pompeia. — Où trouver dans l'abord si triste et si mal bâti de nos villes, un faubourg comme celui-là ?

On passerait sa vie à contempler, de notre balcon, ce magnifique golfe, encadré, comme un immense lac ; et, pour fermer ce grand cercle, un horizon de mer, entre la pointe de Sorrente et Caprée, la haute et sombre île de Tibère d'un côté, et de l'autre, le cap Misène de Corinne et de Mme de Staël, et les deux îles d'Ischia et de Procida, de Grazialla et de Lamartine.

Les femmes du peuple, bien plus encore qu'à Venise et à Florence, sont bien les plus sales guenons qu'on puisse imaginer, sans façons, ni tournure, ni prétention, ni coquetterie, avec leurs cheveux brouillés pour toute coiffure, des robes claires et des tartans qui leur pendent jusqu'aux pieds ; elles n'ont pas l'air de désirer être regardées comme nos fringantes Mimi-Pinson.

Où sont donc ces belles Napolitaines, dont la réputation était proverbiale ? Je ne parle que des femmes du peuple ; les autres semblent confondues avec des étrangères, à moins qu'elles ne soient invisibles comme à Venise ; rien ne les distingue, à mes yeux, jusqu'à présent.

Naples, 20 avril.

Le temps s'est raffermi, et nous en avons profité, pour voir trois belles choses : d'abord, le Musée de Naples qui se distingue par les trésors réunis du monde moderne et du monde ancien, avec les objets d'art et d'usage enlevés à Pompeia, ses peintures murales, au moyen des pans de murs qu'elles recouvraient et qui donnent une idée de la manière, du dessin et du coloris des Grecs ; puis le château de Capodimonte qui, par son nom même, indique sa position dominante, à l'extrémité nord de Naples, avec son parc splendide, son luxe d'ameublement et de tentures des Gobelins, ses riches salons de marbre aux pavés de mosaïque, et une salle entière en fine porcelaine, y compris le plafond. — Enfin, le Palais Royal, en brique rouge, d'un luxe au moins égal avec de véritables Gobelins, présent des rois de France ; et, chose des plus curieuses, qu'on comprendra difficilement en France, une belle statue, de forme antique, de Napoléon Ier, et les meubles même de Murat et de la reine Caroline, marqués partout à leur chiffre et aux aigles de l'Empire.

C'est à un pareil symptôme de l'esprit d'un peuple, autant qu'à la beauté du climat et des monuments des villes, autrefois des capitales, devenues des chefs-lieux de département, que nous nous apercevons n'être plus en France. — L'esprit public en Italie ne comprendra jamais que notre vandalisme politique procède de l'intolérance des partis; que les questions d'art ne soient pas intimement liées à l'intégrité des monuments ; que les signes marqués des époques ne dominent pas les tristes et dégradantes représailles des partis triomphants, arrachant les fleurs de lys au drapeau de Jeanne d'Arc, les aigles décorant un piédestal de colonne ou le fronton d'un palais, brisant, à Saint-Denis, le tombeau d'Henri IV, pour jeter ses restes à la voirie, et abattant la colonne Vendôme, pour atteindre, du même coup, la statue de l'empereur, deux monuments de la gloire nationale. — Si une chose m'a étonné, c'est qu'on n'ait pas mutilé la délicieuse cour carrée du Louvre, pour détruire les médaillons et les chiffres de François Ier et de Henri II.

Naples, 21 avril 1876.

Ce n'est pas moi qui ferai la description de Pompeïa ; elle remplit largement des volumes, anciennement et récemment publiés ; mais l'impression est très-vive, quand on aborde, pour la première fois, ce *Lazare* de ville qui a dormi dix-sept siècles dans son suaire de cendre, depuis l'éruption du Vésuve, son terrible voisin de campagne. — Il a cependant été plus conservateur que les barbares et les seigneurs romains ; ici au moins, quand Pompeïa est sortie de son sépulcre, on a saisi et surpris la vie ancienne, dans son plein exercice, dans la manifestation de ses mœurs et de ses habitudes, par les objets d'art, de profession et d'usage trouvés dans les maisons.

Les rues sont étroites et grossièrement pavées de gros morceaux de lave ; deux chars n'y pouvaient passer en se croisant, trottoirs le long des maisons. — Gros blocs de pierres pour passer d'un trottoir à l'autre et qui laissaient de chaque côté, un petit intervalle pour les roues des chars. — Pour ce peuple d'une époque raffinée et corrompue, ce système de voies urbaines me semble bien imparfait.

On est saisi d'une vive émotion, comme en pénétrant, pour la première fois, dans une demeure que vient de quitter une dépouille mortelle, quand on visite ces maisons vides qui, à l'exception d'une seule, la maison Diomède, sont effondrées et rasées à la hauteur du premier étage ; il a cédé à la pression de la pierre ponce et des cendres accumulées qui ont enseveli Pompeïa.

Tous les objets qui pouvaient se déplacer ont été emportés et déposés à mesure au Musée de Naples, procédé que nous trouvons malheureux et que le génie de

Châteaubriand a justement critiqué, en indiquant un ingénieux moyen de les conserver sur place, en couvrant le rez-de-chaussée de chaque maison, avec toutes ses divisions intérieures, ce qui leur eût laissé leur cachet d'originalité, de manière à faire de Pompeïa une *ville musée du plus haut intérêt archéologique et historique,* tandis qu'après la dispersion des meubles, ornements, statues et ustensiles d'usage, la ville elle-même s'en ira en poussière, comme la Rome antique, sous la double action dissolvante des pluies d'orage et d'un soleil dévorant.

Cette idée, simple comme le bon sens, n'a pas été comprise; le mal est irréparable, et l'on verra disparaître la moitié de Pompeïa avant peut-être que la seconde moitié, encore enfouie, n'ait été découverte : maisons, colonnes, remplissant les jardins et les cours, fontaines, piscines, salles de festins, chambres à coucher, salons de conversation, la plupart égayés par de fraîches peintures murales, témoignent du goût artistique de la race italique et du besoin d'art et de poésie pour tous les sanctuaires de la vie domestique.

Ces impressions morales ne vous quittent pas et grandissent à mesure, à partir d'une salle d'entrée où, sous de grandes verrines, sont exposés les cadavres momifiés de quatre femmes et de deux hommes, dans l'attitude même que leur a donnée la catastrophe volcanique de l'an 79. — Par un moulage de plâtre, habilement pratiqué, ces corps ont conservé leur dernière attitude : l'une des femmes se couvre le front de son coude, pour se garantir de la cendre brûlante qui pénétrait par toutes les fissures ; l'autre est une très-jeune femme, aux membres délicats, et portant au doigt une bague dont le chaton fait saillie sur le plâtre qui lui laisse ses élégantes proportions.

Est-ce qu'il n'y a pas là la révélation du drame terrible de leur agonie.

Et dire que pendant que cette éruption causait tant de victimes ; qu'ici, une lave épaisse, là, une cendre brûlante recouvraient, dans leur tombeau, Herculanum, Pompeïa, Strabia ; qu'une triple population périssait dans ses demeures, ou s'enfuyait affolée de terreur, à part deux hommes, les Pline, l'oncle et le neveu, qui semblent avoir vécu de la vie morale et conservé la dignité et la sensibilité humaine ; l'un victime de la science, l'autre lisant à sa mère un chant de Virgile pour échapper à l'oppression d'un grand sentiment de commisération, des Sybarites romains et des femmes éhontées et sans cœur, de celles qui mettaient des colliers d'or à leurs lamproies, chantaient, dansaient et s'enivraient, de l'autre côté du golfe, à Pouzzole et à Baïa, tant il est vrai que la corruption des mœurs est mère de l'insensibilité du cœur.

La pluie de ce matin n'a pas effrayé notre curiosité, qui en a été récompensée par un soleil radieux, inondant Pompeïa de sa vive lumière et semblant l'avoir fait sortir, pour la seconde fois, de la nuit où elle a dormi dix-huit siècles. — Il donnait une apparence de vie à la ville morte et à ses maisons vides qui n'ont plus guère que des étrangers pour visiteurs.

Par imitation de la Métropole, elle avait sa voie appienne, ses tombeaux hors les murs et très-bien conservés, ses maisons de Cicéron et de Salluste ; et, comme à Rome, son Forum, sa basilique, son temple de Jupiter, son amphithéâtre, son Panthéon d'Auguste, ses deux théâtres tragique et comique ; et cela a lieu de surprendre, dans une ville de troisième ordre, déjà détruite par un tremblement de terre en 63, seize années seulement avant la grande catastrophe ; mais il y avait, dans ces peuplades, un tel mélange de vitalité et d'insouciance de la vie, que Résina d'aujourd'hui a été bâtie sur la lave même qui écrase Herculanum, et Castellamare sur Strabia.

Naples, 21 avril 1876.

Nous sommes partis, ce matin, par le chemin de fer, en contournant le golfe et longeant la côte, pour Castellamare et Sorrente, deux petites villes en cordons qui n'ont rien de remarquable que leur position, entre le golfe qui les caresse et les montagnes qui les dominent, et la seconde, par la naissance et la maison du Tasse.

Aucun guide de voyageurs n'a parlé de l'admirable chemin de quatre lieues de corniche qui, entre Castellamare et Sorrente, contourne les rochers et toutes les sinuosités de la côte, souvent fort élevée au-dessus des eaux du golfe.

Pendant les deux dernières lieues, la route est bordée d'orangers et de citronniers chargés de leurs fruits d'or qui embaument l'air et le voyageur, et lui rappellent l'image poétique du jardin des Hespérides.

Cette route de corniche a été pour nous une surprise qui nous a fait moins regretter celle de Nice et de Menton, qu'une modification d'itinéraire nous a forcé d'abandonner. — Elle circule large et facile, en mille replis gracieux autour des promontoires avancés sur la mer et s'enfonce parfois dans de fraîches vallées qu'elle traverse alors sur d'élégants viaducs, et ménage ainsi des vues ravissantes, tantôt sur les pentes verdoyantes des montagnes, tantôt sur les eaux, aujourd'hui bleues, du golfe redevenu un miroir de lapis-lazuli, encadré dans deux parois de verdure d'une incomparable fraîcheur.

Cette corniche de quatre nouvelles lieues pour le retour, nous présente un aspect tout nouveau et différe de celle de Nice, en ce que celle de Nice à Gênes, plus escarpée peut-être, offre toujours le même horizon de mer, tandis que nous avions ici son admirable encadrement des trois îles de Caprée, d'Ischia et de Procida, entre les deux caps de Sorrente et de Misène, le Pausilippe en face, et Naples, prise à revers et assise au fond du golfe, ce qui donne à l'œil qui parcourt ce grand cercle un multiple horizon...

Naples, 22 avril 1876.

Le temps est sombre encore par ce singulier printemps d'Italie. — Est-ce que, comme le nôtre, il ne serait qu'un mythe inventé par les poètes ? — La mer n'était pas belle non plus, ce matin, mais elle se rattrappait par l'éblouissante frange d'écume argentée qu'elle envoyait sur les jetées du port.

Portici, Torre del Greco, l'Annonciata, sont encore dans la brume, au-dessous du Vésuve, notre voisin de vis-à-vis, qui, hier, envoyait du côté opposé à Naples son épaisse fumée noirâtre, à peu près semblable à celle d'un feu de cheminée chez un boulanger. Elle nous vient aujourd'hui, et plus claire et plus blanche : — et dire que tant de gens dorment tranquille, sous cette menace incessante du feu intérieur et s'amusent à faire, avec la lave qui a écrasé Herculanum, des boutons de chemise et des camées de bracelet.

Nous avons enfin vu les Napolitaines et toute l'aristocratie féminine, dans des voitures splendides et avec des toilettes aussi élégantes que luxueuses, rouges, bleues, vertes, violettes, jaunes, éclatantes comme leur climat, leur ciel, leur soleil. — Là, tout s'illumine, se dore à tous ces rayonnements, il faut bien que tout s'harmonise, les femmes et les choses.

Sauf de merveilleuses exceptions, elles ne sont ni plus belles ni plus jolies qu'ailleurs. — C'était jour de courses, aujourd'hui, et nous avons vu défiler pendant plusieurs heures et très-avant dans la soirée, dans la rue de Tolède et sur notre quai, un nombre considérable d'équipages remplis de Napolitaines, que nous n'avions pas jusqu'ici distinguées des étrangères, mais que nous avons enfin aperçues, élégamment parées à la mode de Paris et dans des toilettes voyantes à vous tirer les yeux.

Partis en voiture, nous avons monté des rues en lacet, tantôt larges, tantôt étroites, et par des rampes bien ménagées conduisant au château Saint-Elme, dominant de très-haut la ville, et qui me semble avoir été construit pour la contenir plutôt que pour la défendre.

Du haut de la terrasse crénelée qui fait le tour de la citadelle, on ne regrette pas la fatigue d'une pareille ascension, car la vue est un véritable éblouissement. — Nous avions vu ainsi Florence et Rome, de Saint-Miniato et de Saint-Pierre in Montorio ; mais là, nous n'avions à nos pieds qu'un amas imposant, il est vrai, de maisons, églises et palais. Ici, la ville, dans les mêmes conditions, s'élève pittoresquement en amphithéâtre avec un encadrement de verdure et de collines boisées au Pausilippe, à Pouzzole, à Baïa, d'un côté, et de l'autre, de l'admirable golfe et de l'horizon de mer qui font de Naples la merveille de l'Italie...

Quel cadre pour un pareil tableau ! La nature complète ici l'œuvre de l'homme ; et quel vaste horizon pour l'œil qui se relève de la ville agglomérée au golfe qui la pénètre de sa courbe gracieuse, et aux riantes campagnes de la Campanie.

En descendant de Saint-Elme, nous nous sommes arrêtés à l'ancien couvent de *San-Martino*, dont le gouvernement a fait un musée d'une espèce très-originale, composé de trois ou quatre chapelles convergeant à une église centrale, avec laquelle elles luttent de bon goût et de magnificence. Et quel musée ! ce serait à une femme, à sa délicatesse de touche, que des bijoux, des écrins pareils devraient appartenir de droit pour en rendre compte. — On ne sait qui l'emporte de la fraîcheur des marbres, de la fine ciselure des ornements dorés, ou de la perfection des fresques des plafonds, ou des tableaux de maîtres des autels ; il m'en reste encore un éblouissement dans les yeux.

Indépendamment des dépouilles de Pompeïa, le musée de Naples est remarquable par les tableaux des autres écoles, car elle n'en a point par elle-même, comme Rome, Venise, Milan, Bologne et Florence ; et pourtant, à défaut des maîtres, elle avait des artistes, jaloux comme tant de médiocrités. — Stendhal raconte que le Dominiquin, qui y avait été appelé pour peindre l'église de Saint-Janvier, y fut empoisonné par les artistes du pays. C'est tout ce qu'il a trouvé à dire de la peinture napolitaine, et il ajoute pourtant, entraîné par son amour pour la nature de cet incomparable climat : « Naples devait s'illustrer à un
» autre point de vue et par un art différent, et montrer
» que l'Italie fut toujours la patrie du génie, et lui donner,
» à défaut de Titien ou de Veronèse, Cimarosa et Pergo-
» lèse, et avec eux les mélodieux échos de ce sol en-
» chanté. »

Continuant notre ligne de circonvallation, nous avons fait le tour de la montagne du Pausilippe, en passant en revue, en détail, tout ce que nous avions vu à l'état de panorama du haut de l'esplanade de Saint-Elme ; et nous sommes rentrés par la courbe et la pente gracieuse de la Margellina qui domine le golfe et aboutit au quai si bien bâti de la Chiaia, et à la promenade plantée d'arbustes qui le borde, rendez-vous de toute la société napolitaine dans les beaux soirs du printemps ou d'été.

Comme on deviendrait facilement sybarite dans un pareil milieu, si on se laissait trop facilement pénétrer par la mollesse et le farniente de ce climat d'élite. J'y comprends mieux Annibal s'endormant aux délices de Capoue, et comment les Romains de la décadence morale, les patriciens et les maîtres de Rome y venaient oublier leurs sombres cassines. Mais cette nature de Dieu, au lieu de les régénérer par son enchantement, ne faisait qu'amollir encore leurs âmes, déjà trop corrompues, et développer les vices qui, les barbares aidant d'un côté et les mœurs pures des chrétiens de l'autre, ont fait périr la société romaine.

C'est avec un regret profond que nous allons quitter Naples. — Retournant cet adage : *Voir Naples et mourir,* il faut dire, au contraire : *Voir Naples et y vivre.* — Passez quelques jours seulement à Rome, vous voudrez en sortir, disait Stendhal ; séjournez-y quelques mois, vous ne voudrez plus la quitter. Appliqué à Naples, le mot serait encore plus vrai.

Ici, le mauvais temps ne dure pas ; le soleil joue un trop grand rôle dans cette splendide nature dont nous voulons nous imprégner pour toujours, n'espérant pas la revoir désormais. — Seulement, ne rendra-t-elle pas bien tristes nos villes déjà si ternes, nos campagnes si monotones ? Eh bien, non ; nous les embellirons au souvenir ineffaçable de ce que nous aurons eu sous les yeux, et de l'enchantement progressif qui nous suit depuis Turin jusqu'à Naples, qui est pour nous la véritable capitale de l'Italie.

———

Pise, 29 avril 1876.

Arrivés hier à Pise, une voiture nous a conduits à travers la ville, qui n'offre rien par elle-même de particulier, si ce n'est la solitude et une profonde tristesse, pour arriver aux quatre merveilles, sa seule gloire aujourd'hui, mais dont une seule aussi suffirait à son illustration et à l'attrait des étrangers et des artistes.

La tour penchée, de sa base à sa galerie supérieure, est, dans sa forme cylindrique, aussi délicatement ouvragée que le bijou du plus précieux écrin, avec ses huit rangs de colonnettes superposés, aussi fines et frêles, que des arêtes de poisson; ils sont reliés entr'eux par de petits arcs, en plein ceintre, et laissent voir, au fond de la galerie qui monte en spirale, de charmantes statuettes de marbre blanc, comme la tour elle-même.

Il en est ainsi de la Cathédrale et du Baptistère qui luttent avec elle de grâce et de délicatesse.

Cette église de San-Jean a quatre rangs de colonnettes de même forme et de même blancheur, et évidemment de la même main d'un grand artiste. — Chaque étage diminue à mesure qu'il s'élève, y compris le fronton triangulaire; de sorte que si on isolait l'étage supérieur, il ressemblerait à un temple grec en miniature.

L'intérieur d'un ordre plus sévère, est un peu lourd avec ses gros piliers qui sont loin d'avoir l'incomparable légèreté de sa façade. — Je n'aime pas non plus la voûte plate, quadrillée et à caisson d'or ouvragé, et d'une date certainement postérieure.

Le Baptistère a un dôme qui diffère de celui de Florence qui est octogone, à pans coupés et à toiture triangulaire, tandis qu'à Pise, il est circulaire, comme la coupole de Saint-Pierre, ce qui le fait s'élever et se détacher bien mieux du sol ; au-dessus des premières assises, à portes ceintrées qui ne valent pas les portes de bronze de Ghiberti, il se dégage un premier rang de colonnettes semblables à celles de la tour penchée ; puis, au second étage, un second rang de charmants petits triangles guillochés sur leurs bords, et un troisième rang de mignonnes fenêtres encadrées, chacune, dans un fronton à angle aigu qui contraste, de la manière la plus pittoresque, avec la forme cylindrique du dôme.

L'intérieur l'emporte, par un autre côté : le Baptistère de Florence, à part quelques autels, est nu et vide ; à Pise, il est délicatement orné de rosaces, brodées à la mauresque, apportées de Constantinople et ouvrées comme la plus légère dentelle.

L'autel et la chaire ont la même ornementation ; seulement celle-ci est soutenue par neuf colonnes et chapiteaux de nature différente : *Brocatelle* d'Espagne, — *Jaspe* de Sicile, — *Marbre* d'Italie ; — quatre espèces de granit : *Oriental*, de l'*Ile d'Elbe*, de *Corse* et de *Sardaigne* ; et, tout autour, des sculptures du plus beau relief et du plus remarquable travail. — C'est pour le coup que Charles-Quint eût voulu agrandir son écrin, pour mettre ces trois joyaux avec le Campanile de Florence.

Quant au fameux cimetière, ce grand parallélogramme, appelé le *Campo-santo*, rempli de terre apportée de Jérusalem, il est des plus curieux, par les quatre galeries à soixante-deux arcades qui l'entourent, à plein cintre, et chacune partagée, avec des trèfles au sommet, par trois colonnettes légères et fuselées.

Ces galeries ont leurs parois couvertes de peintures à fresques que l'humidité du lieu a bien détériorées. — Celles du célèbre Orcagna sont les mieux conservées.

Jamais la mort, dans son dernier asile de la terre, la naissance de l'homme, recevant l'eau lustrale du baptême, les rites sacrés et les cérémonies du culte, n'ont reçu un pareil hommage de l'art le plus épuré, allié à la croyance la plus profonde.

On se demande, avec un étonnement mêlé d'admiration, quelle puissance, sur un coin d'une ville relativement petite, bien que les Pisans aient compté dans l'histoire, a pu réunir les artistes de génie : architectes, peintres et sculpteurs qui l'ont à jamais illustrée, par les quatre chefs-d'œuvre dont nous avons essayé de donner une imparfaite idée.

Gênes, 1er mai 1876.

De Pise à la Spezzia, pays insignifiant ; mais, au-delà, commence le système de voies ferrées le plus curieux après celui des Appenins, qui ait été entrepris.

Je m'explique à présent pourquoi on a tardé si longtemps à exécuter cette belle ligne directe, suivant le littoral de la Méditerranée, de Marseille à Gênes, Rome et Naples ; — c'était la plus difficile et la plus onéreuse, et qui demandait, avec beaucoup d'argent, un temps considérable et des ingénieurs de premier ordre ; — le percement du mont Cenis n'était que de la Saint-Jean auprès de celui-ci : d'énormes promontoires, au nombre de quatre-vingts, s'avancent dans la mer ; il a fallu y pratiquer quatre-vingts tunnels, quelques-uns assez longs, demandant sept ou huit minutes de trajet, et le dernier passant sous la chaîne des très-hautes collines qui couronnent Gênes et lui forment une vaste enceinte complétant celle de la mer.

On fait ainsi douze ou quinze lieues sous terre et en côtoyant la mer; dans l'intervalle des tunnels, la mer brisait, sur les rochers du rivage, au pied même des viaducs, agitée, sombre, en deuil de la lumière, et jetant, par un contraste saisissant, sur les galets noirs de la côte, de larges franges d'écume d'où s'échappaient parfois des lueurs phosphorescentes; — dans cette nuit sans étoiles et sans lune, c'était quelque chose de fantastique qui m'a tenu éveillé de dix heures à minuit.

C'est aussi une grande et belle ville que Gênes, étagée et en amphithéâtre autour d'un port immense, comme Naples autour de son golfe, voilà la ressemblance; la différence, c'est qu'autant les quais de Naples sont largement pavés et d'une remarquable propreté, autant les cales de Gênes sont sales, sordides, étroites et dans un état de dégradation qui provoque le dégoût.

Je dois faire exception en faveur de deux points du port, en regard l'un de l'autre : le palais Doria n'a rien de remarquable que le nom de ce Doge, et ses jardins en terrasse faisant esplanade et dominant le port et la mer à l'horizon; l'autre point en regard, c'est une haute esplanade en marbre blanc et plus splendide encore à cause de son orientation et de ses matériaux, et appelée : *Terrazza Marmorea;* elle a 1,200 mètres de longueur sur 50 de largeur, et fait mieux juger de la grandeur et du mouvement animé du port et de la gracieuse situation de la ville étagée entre la mer et les montagnes qui la dominent de trois côtés.

Si j'avais séjourné plus longtemps à Gênes, j'aurais passé bien des heures, le matin surtout, à cause du soleil, accoudé sur les parapets blancs de la terrasse Marmoréenne, pour jouir du spectacle d'une si mouvante activité commerciale.

L'encombrement du port est tel par les navires qui se pressent avec leur forêt de mâts, qu'il y a place à peine pour la circulation d'une foule d'embarcations qui se croisent, qu'il m'a rappelé la naïveté de je ne sais plus quel Calino qui disait que les maisons l'empêchaient de voir la ville, comme les arbres la forêt. Il aurait dit bien mieux ici : Les navires m'empêchent de voir le port.

Les montagnes font à Gênes une haute ligne de fortifications naturelles de 44 kilomètres de développement de l'est à l'ouest. Le port et le golfe demeurent seuls ouverts au midi, et ont donné lieu, avec une seconde enceinte fortifiée, plus rapprochée de la ville, à une comédie parlementaire qui nous a bien amusés, dans la querelle de portefeuilles que M. Thiers faisait au maréchal Soult : celui-ci profitant d'une bévue historique de celui que, dans la coulisse, il appelait le *Petit Foutriquet*, en échange de sa qualification de l'*Illustre fourreau* : *Mon illustre ami, malgré ses prétentions à l'infaillibilité, se trompe quelquefois,* lui répondit le vieux maréchal impatienté de ses malices, *personne n'a rien compris au récit très-détaillé qu'il a fait du siége de Gênes ; nous y étions nous autres, vieux fourreaux, tandis que sa plume à lui n'y est jamais allée, sans quoi il aurait su que Gênes, au lieu d'une seule, avait deux formidables lignes de fortifications ; et il a perpétuellement confondu celle des montagnes avec l'enceinte même qui serrait de plus près la ville ; et voilà,* dit-il, en lui lançant une flèche de Parthe, *comment on écrit l'histoire !*

Et de rire la galerie !

Gênes, transversalement à ses grandes rues, où s'élèvent de très-nombreux palais, portant les noms historiques de sa gloire passée, est percé d'une multitude de petites ruelles tournantes, appelées *vicoli*, assez propres et bien pavées ; mais si étroites que beaucoup de maisons se touchent à peu près, par leurs étages supérieurs, et comme les gorges du *Trient*, dans la vallée du Rhône, ne laissent voir le ciel qu'à l'état de ruban. — C'est évidemment, comme en Espagne, pour le peuple qui passe sa vie sur la rue, une défense contre les ardeurs du soleil ; cependant, ces vicoli relient assez bien les grandes artères de la cité.

C'est dimanche que nous avons fait notre grande excursion habituelle en voiture dans la ville ; toutes boutiques fermées, mais toute la population sur les rues et les trottoirs ; nous seuls à peu près en voiture ; les hommes vêtus comme partout, sans distinction de nationalité ; les femmes, très-mêlées, comme type, les belles en minorité, mais toutes très-parées de riches et élégantes toilettes ; quelques-unes avec la mantille espagnole noire sur la tête et attachée d'une manière aussi coquette qu'originale.

La beauté proverbiale des palais de Gênes nous a paru surfaite ; le soleil, il est vrai, leur manquait ; mais, à part le palais ducal, dont le marbre est blanc par exception, et le palais Brignoli, rouge des pieds à la tête, et d'une très-riche ornementation extérieure ; les autres sont d'un marbre grisâtre assez terne, et bien loin de cette blancheur dorée qu'on nous avait promise.

La Cathédrale et la plupart des églises sont belles, mais de cette beauté italienne et éclatante qui n'intéresse que les yeux et ne porte point l'âme au recueillement.

En voiture, nous avons prolongé notre promenade sur les remparts de l'Est qui forment la première enceinte fortifiée, et entre elle et la seconde, il s'est élevé une ville nouvelle, supérieurement bâtie.

Immédiatement au-dessous des remparts et d'une magnifique promenade, rendez-vous, chaque soir, de la société génoise, on nous a fait remarquer, dans un vaste parc, une villa délicieuse de fraîcheur et composée de trois palais appartenant au marquis de Serra, riche seigneur de Gênes ; puis nous avons gravi, en lacets bien ménagés, la villa *Négro* qui s'étage en colimaçons et d'où l'on jouit d'une vue des plus étendues, sur la ville à vos pieds et sur le port et la mer au-delà.

J'avais donc tort de dire que notre voyage était fini à Naples ; non, il fallait compter avec Pise et Gênes, qui font avec Venise, Florence, Rome et Naples, les perles de cet incomparable collier de villes, qu'on appelle l'Italie.

Nantes, imprimerie de Mme v^e C. Mellinet, place du Pilori, 5.

www.ingramcontent.com/pod-product-compliance
Lightning Source LLC
Chambersburg PA
CBHW070709050426
42451CB00008B/562